DIREITOS HUMANOS PARA PRESOS?
Análise do cumprimento aos tratados internacionais ratificados pelo Brasil e seus reflexos na saúde mental dos condenados.

JOÃO CONRADO BLUM JÚNIOR

Copyright©João Conrado Blum Júnior
Direitos humanos para presos?
CAPA e EDIÇÃO: João Conrado Blum Júnior
PONTA GROSSA, PR, BRASIL, 2018.

AGRADECIMENTOS

Inicialmente, agradeço ao Conselho Nacional de Política Criminal e Penitenciária, órgão ligado ao Ministério da Justiça, que em 2004 abriu o seu IX concurso nacional de monografias, Prêmio "Dom Evaristo Arns", com o tema "Sistema Penitenciário: saúde mental e direitos humanos". Foi para essa seletiva que escrevi o embrião deste livro, recebendo menção honrosa pela quarta posição[1], o que me motivou a enveredar pelo mundo da escrita.

Sou grato também a Edna Isabel Chemim Bianchessi, licenciada em Letras, e a Bruna Mayara de Oliveira, minha assessora jurídica, que revisaram cuidadosamente o texto, fazendo apontamentos essenciais para sua melhoria.

Por fim, agradeço de antemão a cada um que puder lê-lo, disponibilizando-se a si mesmo para a transformadora esfera da reflexão e do conhecimento.

---

[1] Disponível em: <http://www.justica.gov.br/seus-direitos/politica-penal/cnpcp-1/concurso-de-monografia> Consulta em 13 jul. 2018.

ÍNDICE

INTRODUÇÃO..............................

01. O INGRESSO NO CÁRCERE E OS VÍCIOS DO SISTEMA..............................

02. A RECEPÇÃO DOS TRATADOS INTERNACIONAIS DE DIREITOS HUMANOS NO SISTEMA JURÍDICO BRASILEIRO..............................

2.1. Dos tratados de direitos humanos ratificados pelo Brasil..............................

03. A AUSÊNCIA DE EFETIVAÇÃO DOS DIREITOS HUMANOS NAS PRISÕES E A DEGRADAÇÃO DA SAÚDE MENTAL DOS CONDENADOS..............................

04. SUGESTÕES PARA A MELHORIA DA SAÚDE MENTAL DOS PRESOS..............

05. CONSIDERAÇÕES FINAIS................

REFERÊNCIAS..............................

INTRODUÇÃO

Este livro analisará os aspectos primordiais sobre o cumprimento aos direitos humanos assegurados aos condenados à pena privativa de liberdade no Brasil.

Mostra-se notório o caos em que se encontra a execução da pena de prisão em nosso país e dos consequentes malefícios que isso tem proporcionado à saúde mental dos reclusos, embora sejam louváveis os esforços jurídicos do Poder Judiciário para melhorar a situação. Assim, faz-se mister avaliar o grau de implementação dos direitos humanos positivados na Constituição Federal de 1988 e nos tratados[2] ratificados pelo Brasil.

---

2 O termo genérico "tratado" pode designar os seguintes instrumentos internacionais: Carta (ex: *Carta da ONU de 1945*); Convenção (ex: *Convenção Americana de Direitos Humanos de 1969*); Declaração (ex: *Declaração Universal dos Direitos Humanos de 1948*); Pacto (ex: *Pacto Internacional sobre Direitos Civis e Políticos de 1966*) ou; Protocolo (ex: *Protocolo à Convenção Americana sobre Direitos Humanos Relativo à Abolição da Pena de Morte de 1990*).

A finalidade da pena de privação da liberdade é, sem dúvida, a ressocialização do condenado. Porém, revela-se preciso respeitar a dignidade do indivíduo em todas as nuances de sua vida. Desse modo, pode-se realmente trazê-lo de volta ao convívio social, sem que sua personalidade esteja mais afetada negativamente em relação à época em que iniciou o cumprimento da pena?

Para tanto, primeiro serão pontuados a situação e a forma jurídica com que são enviados ao cárcere os condenados. Depois serão aferidos os instrumentos internacionais de direitos humanos, ratificados em nosso país, aplicáveis ao sistema penitenciário, que objetivam, ainda que indiretamente, garantir a saúde psicológica do recluso. Em seguida, serão apresentados e discutidos os principais problemas existentes nas penitenciárias brasileiras e que contribuem decisivamente para a não ressocialização da grande maioria dos presos.

Por derradeiro, serão enumeradas e fundamentadas as sugestões aptas a conferir um sentimento "mais humano" às penitenciárias, através da garantia concreta da observância dos direitos do homem, para se conseguir resultados sociais mais satisfatórios no que tange à recuperação dos condenados à pena de prisão.

E caso da leitura surjam questionamentos, novas ideias para quem dispôs seu precioso tempo no exame do texto, já me terá sido plenamente satisfatório publicá-lo.

01. O INGRESSO NO CÁRCERE E OS VÍCIOS DO SISTEMA

Antes de tudo, faz-se relevante listar alguns aspectos do sistema processual penal verificados na prática forense.

Ocorre que, passados pouco menos de dez anos desde o início de minhas atividades no Ministério Público, na qualidade Promotor de Justiça, algumas constatações mostram-se claras.

A primeira diz respeito à existência de um embate, uma tensão cada vez maior entre os anseios da sociedade, geralmente por maior encarceramento, e aquilo que os legisladores federais e a cúpula do Poder Executivo vêm fazendo.

De um lado, a sociedade, composta pelas pessoas de bem, trabalhadoras, geralmente[3] pagadoras de impostos, está atônita com os níveis elevados de violência oriundos principalmente de crimes patrimoniais graves (roubos) e crimes contra a vida. Ninguém aguenta tanta intranquilidade para o convívio público, pois não se consegue mais sair às ruas nas cidades grandes e médias sem espreitar acima dos ombros para prevenir qualquer atitude suspeita e ameaçadora.

Não é a toa que surgem condomínios residenciais para todas as classes sociais, parecendo que todos "preferimos" viver trancados à margem, escondidos no próprio território de nosso país.

---

3 Lamentavelmente há muitas pessoas com discursos "moralistas" e que sonegam conscientemente os tributos mais "pesados", como imposto de renda da pessoa física e imposto de renda da pessoa jurídica.

A liberdade de ir e vir andando, sem uso de veículos automotores, e fora desses complexos residenciais, verdadeiras fortalezas modernas de segurança, encontra-se cada dia mais restringida. E isso causa certa revolta, um descontentamento coletivo generalizado preexistente às recentes manifestações de desalento pela descoberta de enormes esquemas de corrupção na administração pública.

Daí advém a necessidade pelo maior apenamento, com campanhas pela redução da maioridade penal e instituição de pena de morte, havendo vibração coletiva pela prisão de tantos indivíduos quanto seja possível. A solução simplória é enfatizada e repetida nas redes sociais e na mídia de massa: *prisão para todos os bandidos*.

De outro lado, o Poderes Executivo e Legislativo da União colocam em prática política de desencarceramento.

Com frequência os legisladores aprovam textos legais visando diminuir as penas ou conceder benefícios libertários para praticantes de crimes graves, como o tráfico de drogas[4] e o roubo com emprego de arma[5].

A cúpula do Poder Executivo, desde os primeiros momentos da aprovação da Constituição, usa de todos os meios de que dispõe, orçamentários e de criação/implementação de políticas públicas,

---

4 Ex: Resolução 05/2012 do Senado Federal, que suspendeu definitivamente a eficácia de um trecho da Lei de Drogas.
5 Ex: Lei n. 13.654, em vigor desde 24/04/2018, que reduziu a pena para crimes de roubo com emprego de arma diversa da arma de fogo. Para mais informações, vide: BLUM JÚNIOR, J. C. et al. **A LEI N.º 13.654/2018: apontamentos sobre o crime de roubo com uso de arma imprópria.** Disponível em: <http://emporiododireito.com.br/leitura/a-lei-n-13-654-2018-apontamentos-sobre-o-crime-de-roubo-com-uso-de-arma-impropria> Consulta em: 10 jul. 2018.

para concretizar a soltura do maior número possível de condenados.

Tratam-se de dois lados extremados em suas atitudes.

A sociedade, cansada, desesperada por melhorias efetivas na segurança pública, clama por justiça, materializada em condenações à prisão.

Os Poderes integrados por representantes eleitos não raro realizam promessas de leis mais rígidas e maiores investimentos na área, com contratação de policiais, mas na prática "trabalham" no sentido oposto, criando condições para manutenção e facilitação da liberdade de condenados.

A posição de legisladores e principalmente do Poder Executivo justifica-se pela visão de que haveria necessidade de evitar a construção de mais penitenciárias, das quais se originam altos custos com a obra e com o custeio de servidores públicos para mantê-las em funcionamento. Isso seria plenamente aceitável se verificássemos melhorias significativas na educação da população, o que, sabidamente, traz reflexos positivos no longo prazo para a diminuição dos conflitos sociais geradores de crimes. Vale dizer, de que adianta gastar menos dinheiro público com a execução penal, deixando de custear penitenciárias e colônias penais[6], se não se percebe clara melhoria em na viga mestra de um povo, a educação?

De todo modo, não há um discurso delineado, nem por partidários da direita, nem do centro ou da esquerda, sobre o modelo ideal de execução penal no Brasil. Isso infelizmente não é discutido seriamente nem mesmo durante campanhas eleitorais, quando

---

6 Para cumprimento em regime semiaberto.

seria o momento ideal para fazê-lo com maior amplitude.

Quem está certo nessa tensão entre as vontades colidentes: maior aprisionamento x incentivo à liberdade?

Não existe uma resposta definitiva. Contudo, a prática forense, na qual me baseio para escrever este livro, revela que estamos – nós, a sociedade – perdendo a "batalha" diariamente.

Nem pragmáticos conseguimos ser. Ora, os resultados apresentados pelo Ministério Público e pelo Poder Judiciário são excelentes nos números de ações penais ajuizadas[7] e réus condenados. Todavia,

---

7 Em 2016: 2,749 milhões novas ações penais ingressaram na Justiça Estadual de todo o país; foram julgadas 2,707 milhões no mesmo ano (fonte: Relatório Justiça em Números - CNJ, p. 38; Disponível em: <http://www.cnj.jus.br/files/conteudo/arquivo/2017/12/b60a659e5d5cb79337945c1dd137496c.pdf> Consulta em: 13 jul.

"poucos" desses réus, pelas mais variadas motivações[8] processuais e extraprocessuais, efetivamente cumprem as penas ou parte delas no regime fechado, ou seja, ficam custodiados em penitenciárias[9] ou presídios[10]. Ainda que sejam muitos os presos em números absolutos[11], havendo cadeias em que o número total supera em 4,8[12] vezes o número máximo

---

2018.

8 Cuja discussão não é o objetivo deste texto, mas cabe listar algumas: presos no início do processo são soltos e não mais encontrados para cumprimento de pena; diversas possibilidades de recurso com efeito suspensivo (*que atrasam os processos*), lentidão involuntária em processos de execução de pena, que pode levar à prescrição (*impossibilidade de o Estado fazer cumprir a pena*) etc..

9 Destinadas legalmente para condenados em regime fechado.

10 Destinados aos presos não condenados ou que aguardam julgamento de recursos, mas irregularmente – *pois governos estaduais de regra não se esforçam para a resolução do problema* – usados também para pessoas com penas já imutáveis.

11 Segundo a Empresa Brasil de Comunicação (EBC) e o DEPEN-MJ, havia 726.712 presos no país em junho de 2016, sendo 40% destes provisórios, conforme levantamento nacional oficial, p. 09 (<http://depen.gov.br/DEPEN/noticias-1/noticias/infopen-levantamento-nacional-de-informacoes-penitenciarias-2016/relatorio_2016_22111.pdf.>).

12 O Estado do Amazonas tinha em junho de 2016 o índice mais alarmante, com taxa de ocupação média de 484%, segundo o levantamento nacional do DEPEN citado na nota de

de vagas, isso não representa porção importante do total de condenados.

E o problema maior consiste na elevada taxa de reincidência daqueles recolhidos ao cárcere.

Deve-se esclarecer que a reincidência pode ser entendida de duas maneiras.

Uma delas é o reingresso no xilindró de quem já foi condenado ou já esteve preso provisoriamente antes, mas ainda não tem condenação. Trata-se, por conseguinte, de uma taxa percentual de retorno ao cárcere (TRC) e não da taxa de reincidência jurídica (TRJ) propriamente dita, que seria apenas aquela em que o apenado em definitivo – *sem possibilidade de recursos* – recebe nova

---

rodapé anterior (p. 26). Conforme a mesma estatística oficial, a taxa de ocupação nacional estava em 197,8%, ou seja, a cada espaço com 10 vagas existiam mais de 19 presos.

condenação por fato posterior (Código Penal, artigo 63).

O percentual da TRC no Brasil estava em 70% para o ano de 2001. Em relação ao Estado do Rio de Janeiro, por exemplo, estava em 55,15% no ano de 2006, ambos os dados fornecidos pelo Departamento Penitenciário Nacional (DEPEN) do Ministério da Justiça[13].

Já no que se refere ao Estado do Paraná, onde exerço meu labor, se considerada a reincidência jurídica explicada acima (TRJ), tem-se percentual de 24,4% para o ano de 2013, conforme média ponderada obtida por pesquisadores da fundação pública federal Instituto de Pesquisa Econômica

---

[13] Relatório final de atividades da pesquisa sobre reincidência criminal, p. 13. Rio de Janeiro, 2015. Disponível em: <http://www.cnj.jus.br/files/conteudo/destaques/arquivo/2015/07/572bba385357003379ffeb4c9aa1f0d9.pdf> Consulta em: 13 jul. 2018.

Aplicada (IPEA), em conjunto com o Conselho Nacional de Justiça (CNJ)[14]. Vale dizer, um a cada quatro dos condenados em solo paranaense tornava-se reincidente, estatística que condiz com a percepção que se tem na atualidade da labuta no Ministério Público.

Isso é um completo absurdo e demonstra a ausência de cumprimento aos objetivos da pena privativa de liberdade.

Como os números comprovam, estamos "enxugando gelo" há anos. Sem efetividade e resultado social, evitando que a maioria dos presos volte a delinquir, não há sistema penal que resista. Um dia teremos que mudar esse quadro ou seremos engolidos pelo olho do furacão da criminalidade. A máxima amplamente reproduzida, de que a cadeia "é

---

14 O mesmo relatório de pesquisa da nota de rodapé anterior, p. 23.

uma escola do crime", de fato vem configurando a realidade.

Outro aspecto que chama muito a atenção é a faixa etária dos criminosos. Hoje muitos estão cumprindo pena antes dos 20 anos de idade, completando a formação da personalidade dentro do cárcere. Ademais, segundo a pesquisa do IPEA/CNJ, em 2013 eram reincidentes 34,7% (TRJ) já aos 24 anos de idade[15].

E o Poder Judiciário fica no meio disso tentando apagar o incêndio social causado pela criminalidade, quase sempre sem respaldo dos demais Poderes. Da mesma forma, o Ministério Público, responsável por levar os casos a julgamento através das ações penais, por mais boa vontade que seus valorosos membros tenham, vê-se mergulhado

---

15 O mesmo relatório de pesquisa da nota de rodapé anterior, p. 23.

num mar de investigações criminais, sem conseguir de fato apresentar resultados práticos transformadores.

Talvez uma solução seja repensar a pena de privação de liberdade, substituindo-a por outra, como alguns já propuseram. Ou, observando uma transição, concretizar o que os tratados de direitos humanos ratificados pelo país disciplinam, o que provavelmente traria de volta à sociedade indivíduos menos brutalizados e, por consequência, mais preparados para viver em paz.

02. A RECEPÇÃO DOS TRATADOS INTERNACIONAIS DE DIREITOS HUMANOS NO SISTEMA JURÍDICO BRASILEIRO

Inicialmente, é interessante falar um pouco sobre o significado dos direitos humanos.

Nesse sentido, o jurista Dalmo de Abreu Dallari[16] assevera que a expressão "direitos humanos" é uma maneira resumida de se referir aos direitos fundamentais da pessoa humana[17]. Os direitos humanos são aqueles

---

[16] **Direitos Humanos e Cidadania.** São Paulo: Moderna, 1998. p. 10.

[17] A expressão "pessoa humana" não constitui pleonasmo, como se poderia pensar e certamente como o editor eletrônico de texto indicaria, porque existe a "pessoa jurídica", ficção legal dotada de interesses, direitos e obrigações regulados pelo sistema jurídico, bem como que possui capacidade jurídica e judiciária próprias (diversas das pessoas "naturais-humanas" que a controlam).

tidos como os mais evidentes de cada ser humano, necessários para a garantia efetiva de uma vida digna.

Na mesma esteira afirma João Batista Herkenhoff[18]:

> Os direitos humanos ou direitos do homem são, modernamente, entendidos como aqueles direitos fundamentais que o homem possui pelo fato de ser homem, por sua própria natureza humana, pela dignidade que a ela é inerente. São direitos que não resultam de uma concessão da sociedade política. Pelo contrário, são direitos que a sociedade política tem o dever de consagrar e garantir.

Destarte, os direitos humanos confundem-se com os direitos fundamentais do homem, evidenciando-se o caráter universal de tais direitos, bem como o seu intuito de

---
18 **Gênese dos Direitos Humanos.** v. 1. São Paulo: Acadêmica, 1994. p. 30.

elevação do primado da dignidade da pessoa humana ao patamar mais relevante da vida em sociedade. Há doutrina[19], sob outro viés, que chama os direitos fundamentais de direitos humanos escritos na Constituição.

A nossa Carta Fundamental[20], *vigente desde* 1988, consagra a prevalência dos direitos humanos[21] como princípio fundamental de nossa República Federativa. Já a dignidade da pessoa humana, além de ser um dos fundamentos[22] do Estado brasileiro, configura também um dos seus mais importantes objetivos. E para que estes sejam

---

19 Para esclarecimento mais profundo: OLIVEIRA, Bruna Mayara de. *Reprodução humana assistida homóloga* post mortem *e o direito sucessório: uma análise frente à bioética e o biodireito.* **Conteúdo Jurídico**, Brasilia-DF: 14 dez. 2015. Disponível em: <http://www.conteudojuridico.com.br/?artigos&ver=1055.54916&seo=1>. Consulta em: 12 jul. 2018. p. 26-29.

20 A Constituição da República Federativa do Brasil é a "Lei Maior", da qual todas as demais leis e regulamentações devem retirar seu fundamento de validade.

21 Artigo 4º, inciso II, da Constituição.

22 Artigo 1º, inciso III, da Constituição.

atingidos, a concretização dos direitos humanos assume relevância ímpar.

Como ponto de partida para a análise dos tratados aplicáveis ao sistema penitenciário, em que pese o disposto nos parágrafos 1º e 2º, do artigo 5º, da Constituição Federal, o Supremo Tribunal Federal consolidou o entendimento[23] de que tais acordos internacionais foram recebidos como atos normativos superiores às leis ordinárias, mas inferiores às emendas constitucionais, ou seja, detêm caráter supralegal. Como consequência não são cláusulas pétreas, mas têm especial importância no ordenamento jurídico nacional e devem ter aplicação imediata. Apenas caso fossem os tratados ratificados pelas duas Casas do Congresso Nacional, observando o rito das emendas

---

23 Vide Recurso Extraordinário 349.703, Relator: Min. CARLOS BRITTO, Relator p/ Acórdão: Min. GILMAR MENDES, Tribunal Pleno, julgado em 03/12/2008, divulgado em 04-06-2009 e publicado em 05-06-2009 (Dje-104).

constitucionais, inclusive seu *quorum* qualificado, seriam tidos como integrantes do rol do artigo 5°, como cláusulas fundamentais e imutáveis. Aliás, essa possibilidade restou expressamente colocada pela Emenda Constitucional (EC) n. 45/2004 no parágrafo 3°[24] do referido artigo, vindo o STF a interpretar a norma restritivamente.

A doutrina majoritária[25], formada antes de a Suprema Corte firmar o entendimento mencionado, defendia que os tratados de direitos humanos ratificados integrariam o rol de direitos e garantias fundamentais, sendo cláusulas pétreas, tal

---

24 "*Os tratados e convenções internacionais sobre direitos humanos que forem aprovados, em cada Casa do Congresso Nacional, em dois turnos, por três quintos dos votos dos respectivos membros, serão equivalentes às emendas constitucionais.*" Entendo que se tratou de ato legislativo defensivo, no sentido de "defender" a prerrogativa do Congresso Nacional de "criar/recepcionar" novos direitos fundamentais no sistema constitucional.
25 Nesse sentido: PIOVESAN, Flávia. **Temas de Direitos Humanos.** 2. ed. São Paulo: Max Limonad, 2003. p. 45-6.

como se extraía da redação dos parágrafos do artigo 5°, antes da redação estabelecida pela EC 45/2004.

Isso porque é da competência exclusiva do Congresso Nacional[26], segundo o inciso I, do artigo 49, da Constituição, deliberar de forma definitiva sobre tratados que gerem "encargos ou compromissos gravosos ao patrimônio nacional". Notoriamente, tratados acerca de direitos humanos não acarretam grande encargo ao patrimônio do país. Muito pelo contrário, eles somente acresceriam ao rol de garantias e direitos fundamentais das pessoas residentes neste país. Assim, a partir do momento em que o Presidente da República celebrasse um tratado internacional cujo temário fosse de direitos humanos, esta norma seria incorporada[27] ao elenco de direitos

---

26 É a reunião das duas Casas do Legislativo Federal: Câmara dos Deputados e Senado.
27 No sentido de se equivaler ao texto já escrito na Lei Maior.

fundamentais da Constituição Federal, não mais podendo ser objeto de revogação pelo poder constituinte derivado. Conforme o jurista Valério Mazzuoli[28], ocorreria a

> aplicabilidade imediata, dispensando-se, assim, a edição de decreto de execução para que irradiem seus efeitos tanto no plano interno como no plano internacional. Já, nos casos de tratados internacionais que não versem sobre direitos humanos, este decreto se faz necessário. Além do artigo 5°, § 1° da Carta da República impor esta conclusão, a auto-aplicabilidade dos tratados internacionais de proteção aos direitos humanos advém das próprias normas de direito internacional, pois, se um Estado compromete-se a acatar os preceitos de um tratado, é óbvio que as normas deve ser imediatamente exigíveis.

---

28 **Direito Internacional: tratados e Direitos Humanos fundamentais na ordem jurídica brasileira.** Rio de Janeiro: América Jurídica, 2001. p. 57.

Ter-se-ia, por conseguinte, com a assinatura de um tratado de direitos humanos pelo Chefe do Poder Executivo Federal, o fenômeno jurídico da incorporação automática daquelas normas internacionais humanísticas ao inventário de cláusulas pétreas da *Magna Carta* de 1988.

Esse entendimento decorria ainda do princípio constitucional da primazia dos direitos humanos estabelecido no inciso II, do artigo 4°, da Constituição Federal. Significa que não se afere a superioridade hierárquica da norma interna sobre a internacional ou superioridade hierárquica desta sobre aquela, mas sim dá-se prevalência à norma mais favorável para a garantia da dignidade da pessoa humana[29]. Assim, considerando que não raramente os tratados internacionais de direitos humanos trazem maiores benefícios aos seres humanos, como na hipótese da

---
29 PIOVESAN, Flávia. *Op. cit.*, p. 54.

proibição da prisão civil do depositário na alienação fiduciária[30] colocada pela Convenção Americana de Direitos Humanos (*Pacto de São José da Costa Rica*), há que se observar tal norma internacional em detrimento do Direito Civil e do Direito Constitucional (artigo 5º, inciso LXVII, da Constituição) pátrios.

Reforça-se, o STF não entendeu dessa forma, concluindo pela não incorporação dos direitos trazidos nos tratados internacionais automaticamente após a ratificação[31]. Contudo,

---

[30] Contrato em que a empresa financeira recebe prestações mensais do consumidor, o qual permanece com a posse direta do bem e se torna o seu proprietário ao término do pagamento da dívida (artigos 1361 a 1368-B do Código Civil).

[31] Até 13/07/2018 o único caso no qual o Congresso Nacional determinou a adoção do rito qualificado das emendas constitucionais (*votação nas duas Casas Legislativas, em dois turnos e quórum de 3/5 para aprovação*) foi o da *Convenção Internacional sobre os Direitos das Pessoas com Deficiência* e seu *Protocolo Facultativo*, assinados em Nova Iorque em 30 de março de 2007, mas incorporados à ordem jurídica nacional pelo Decreto n.º 6.949, publicado no Diário Oficial de 25.8.2009. Disponível em: <http://www4.planalto.gov.br/legislacao/portal-legis/internacional/tratados-equivalentes-a-emendas-constitucionais-1> Consulta em: 13 jul. 2018.

fica o registro da posição doutrinária que também adotávamos à época.

2.1. Dos tratados de direitos humanos ratificados pelo Brasil

Passa-se à enumeração, com breves comentários, dos tratados cujo conteúdo esteja ligado ao respeito aos direitos humanos dos presos e à consequente saúde mental deles.

A Declaração Universal dos Direitos Humanos[32], proclamada pela ONU em 10/12/1948, dispõe em seu artigo 2º:

---

32 A jurista Flávia Piovesan esclarece a sua importância histórica: "Seja por fixar a idéia de que os direitos humanos são universais, inerentes à condição de pessoa e não relativos às peculiaridades sociais e culturais de determinada sociedade, seja por incluir em seu elenco não só direitos civis e políticos, mas também direitos sociais, econômicos e culturais, a Declaração de 1948 demarca a concepção contemporânea dos direitos humanos." (*Op. cit.*, p. 38.)

Toda pessoa tem capacidade para gozar os direitos e as liberdades estabelecidas nesta Declaração, sem distinção de qualquer espécie, seja de raça, cor, sexo, língua, religião, opinião política ou de outra natureza, origem nacional ou social, riqueza, nascimento, ou qualquer outra condição. [sem grifo no original]

Dessa forma, todos aqueles indivíduos que cumprem penas privativas de liberdade devem obrigatoriamente receber tratamento condigno com sua qualidade de ser humano. O único direito que o condenado deve perder é a liberdade de locomoção, os demais permanecem, resguardadas as necessárias adaptações inerentes ao cárcere.

O artigo 5º, por sua vez, da mesma Declaração, propugna: "Ninguém será submetido à tortura, nem a tratamento ou castigo cruel, desumano ou degradante."

Essa regra claramente destina-se aos condenados à privação de liberdade, visto que é comum uma execução odiosa desse tipo de penalidade, face às condições das penitenciárias, da eventual falta de preparo do pessoal encarregado disso e da ociosidade excessiva em que se encontra a maioria dos presos. Isso será mais detalhadamente analisado nos próximos capítulos deste livro.

O parágrafo 1º do artigo 21 dispõe: "Toda pessoa tem o direito de tomar parte no governo de seu país, diretamente ou por intermédio de representantes livremente escolhidos."

Destarte, os presos condenados em definitivo deveriam ter o direito de voto no Brasil, ajudando no processo de escolha dos governantes. Talvez dessa maneira o poder público tratasse com mais zelo e dignidade o sistema penitenciário, fazendo com que a prisão não fosse apenas uma universidade ao avesso, do crime, mas sim que readaptasse os condenados ao convívio em sociedade. Caberia, neste ponto, a sugestão de uma emenda constitucional para ressalvar, no artigo 15 da Constituição Federal, o direito de votar daqueles condenados à pena privativa de liberdade.

Já o parágrafo 1º do artigo 23 da referida Declaração determina: "Toda pessoa tem direito ao trabalho, à livre escolha de emprego, a condições justas e favoráveis de trabalho e à proteção contra o desemprego."

Esse direito vem diuturnamente sendo violado pelo poder público dentro das prisões, o que gera um ambiente ainda mais propício a toda sorte de elucubrações nefastas e tentativas de fugas. Pode-se dizer que o fato de não haver na penitenciária qualquer possibilidade de trabalho aos reclusos faz crescer a ideia deles de que a sociedade os rejeita e prefere que continuem no mundo do crime, criando-se, diante disso, uma revolta sem limites contra o sistema de apenamento.

O parágrafo 1º do artigo 26 da Declaração Universal traz o direito pelo qual o homem sai do estado "animalesco" e rude para se integrar à sociedade:

> **Toda pessoa tem direito à instrução.** A instrução será gratuita, pelo menos nos graus elementares e fundamentais. A instrução elementar será obrigatória. A instrução técnico-profissional será acessível a todos, bem como a instrução superior, esta baseada no mérito. [sem grifo no original]

Como se sabe, notória e estatisticamente, o maior índice de indivíduos que cometem crimes graves e são condenados à pena de prisão advém de classes pobres e que, devido a essa condição financeira, não tiveram boas oportunidades de estudo. Sem que seja universalizado o ensino público de qualidade, em todas as esferas, restará extremamente improvável que as classes menos abastadas cheguem a ter uma profissão decorrente da educação e que traga os proventos suficientes a uma vida digna. A falta de instrução ocasiona a continuidade no ciclo de entrada e saída constante do sistema penitenciário, uma vida errante, sem perspectivas de melhoria.

É preciso destacar ainda o artigo 30 da aludida Declaração de Direitos Humanos:

> Nenhuma disposição da presente Declaração pode ser interpretada como o reconhecimento a qualquer Estado, grupo ou pessoa, do direito de exercer qualquer atividade ou praticar qualquer ato destinado

à destruição de quaisquer dos direitos e liberdades aqui estabelecidos.

A União e os Estados da federação brasileira, incumbidos cada qual de parte da execução penal, com o fito de resguardar a segurança pública, somente inserem os condenados nas penitenciárias e os esquecem, como que institucionalizando um verdadeiro "lixão da sociedade". Portanto, a norma acima transcrita não é observada, visto que inúmeros direitos humanos, tal como mencionado anteriormente, são olvidados nas prisões, fazendo funcionar esses depósitos humanos criadores de delinquentes.

Outros dois tratados internacionais tidos como de grande relevância em matéria de direitos humanos dos presos são o Pacto Internacional sobre Direitos Econômicos, Sociais e Culturais[33] e o Pacto Internacional

---
33 Promulgado no Brasil pelo Decreto nº 591, de 06/07/1992.

sobre Direitos Civis e Políticos[34], ambos de 1966.

    O primeiro acordo internacional acima mencionado trata basicamente do compromisso dos Estados-partes em garantir a todas as pessoas as mesmas chances de fruição dos direitos econômicos, sociais e culturais por ele enunciados (artigo 3°). Dispõe, desse modo, do direito amplo ao trabalho (artigo 6°), à educação (artigo 13), o incentivo e assistência à família (artigo 10), tudo objetivando o alcance às liberdades políticas e econômicas pelas pessoas, o que, por consequência, trará uma vida digna.

    Em relação ao Pacto sobre Direitos Civis e Políticos pode-se destacar a proteção à vida humana como direito elementar (artigo 6°, item 1), a proibição da tortura e penas cruéis, desumanas ou degradantes (artigo 7°), o direito

---

[34] Promulgado no Brasil pelo Decreto nº 592, de 06/07/1992.

ao *habeas corpus* (artigo 9°, item 4), o tratamento digno e humano aos condenados à pena privativa de liberdade (artigo 10, item 1), a garantia da individualização da pena e a separação de detentos processados e condenados e entre os de maior periculosidade e os de menor (artigo 10, item 2), bem como o compromisso de que o sistema penitenciário tenha como objetivo primordial a ressocialização dos condenados (artigo 10, item 3). Outrossim, como no tratado anteriormente referido, dá-se ênfase para a proteção à família pela sociedade e pelo Estado (artigo 23), bem como o importante direito de participar na condução do governo do país, ou seja, de eleger representantes por meio de voto (artigo 25). Neste estudo, já se defendeu a possibilidade de voto pelos encarcerados, para que possam influir nas políticas que diretamente lhes dizem respeito.

Lamentavelmente, os direitos humanos elencados por esses dois últimos tratados não têm sido respeitados dentro das prisões brasileiras, propiciando um sentimento de ódio entre os condenados e para com a sociedade que os colocou lá.

Há mais três tratados para serem citados: a Convenção Americana de Direitos Humanos de 1969 (*Pacto de São José da Costa Rica*)[35]; a Convenção Contra a Tortura e outros Tratamentos ou Penas Cruéis, Desumanos ou Degradantes de 1984[36] e; a Convenção Interamericana para Prevenir e Punir a Tortura de 1985[37]. Faz-se relevante tecer alguns comentários também sobre cada um destes tratados internacionais.

---

[35] Promulgada no Brasil pelo Decreto nº 678, de 06/11/1992.
[36] Promulgada no Brasil pelo Decreto nº 40, de 15/02/1991.
[37] Promulgada no Brasil pelo Decreto nº 98386, de 09/11/1989.

A Convenção Americana de Direitos Humanos dá especial atenção à proteção do direito à vida, não podendo ninguém dela ser privado arbitrariamente (artigo 4°, item 1). Dispensa, também, extraordinária cautela com o direito à integridade pessoal de todos os indivíduos, o que engloba proteção física, psíquica e moral (artigo 5°, item 1). Refere que ninguém pode ser torturado ou submetido a pena cruel ou degradante (artigo 5°, item 2), estabelece que a pena não pode passar da pessoa do condenado (artigo 5°, item 3), que deve haver separação nas prisões entre os condenados e aqueles que ainda não o foram (artigo 5°, item 4) e alude que a pena de privação de liberdade precisa ter a essencial finalidade de reinserção do preso no corpo social (artigo 5°, item 6). Como se nota, estes direitos humanos estritamente relacionados às condições dos presos nas penitenciárias raramente são respeitados, pois, além de a pena ser degradante por si só, a situação fica piorada gravemente pela péssima higiene e superlotação nelas encontrados.

Em face desses motivos, as prisões brasileiras, na maioria dos casos, não cumprem o objetivo declarado de recuperar os reclusos, fazendo justamente o contrário, já que nossos cárceres realmente impingem violências diárias aos seus "clientes". Não há recuperação, há, pelo contrário, vital degradação do ser humano.

Agora será comentada, naquilo que mais se relacionam com a situação dos condenados nas penitenciárias, a Convenção Contra a Tortura e outros Tratamentos ou Penas Cruéis, Desumanos ou Degradantes. O seu artigo 1º traz a definição de "tortura":

> Para fins da presente Convenção, **o termo 'tortura' designa qualquer ato pelo qual dores ou sofrimentos agudos, físicos ou**

> mentais, são infligidos intencionalmente a uma pessoa a fim de obter, dela ou de terceira pessoa, informações ou confissões; de castigá-la por ato que ela ou terceira pessoa tenha cometido ou seja suspeita de ter cometido; de intimidar ou coagir esta pessoa ou outras pessoas; ou por qualquer motivo baseado em discriminação de qualquer natureza; quando tais dores ou sofrimentos são infligidos por um funcionário público ou outra pessoa no exercício de funções públicas, ou por sua instigação, ou com o seu consentimento ou aquiescência. Não se considerará como tortura as dores ou sofrimentos que sejam conseqüência unicamente de sanções legítimas, ou que sejam inerentes a tais sanções ou delas decorram. [sem grifo no original]

Muitas vezes as prisões são palco de tortura dos reclusos para a obtenção de informações pelos carcereiros ou pela polícia, cujos castigos são tolerados estranhamente pela maior parte da sociedade e da mídia. Tem-se uma ideia geral, que afronta o ideal dos direitos humanos, de que é normal a tortura de presos, a qual se justificaria pela vingança da sociedade ao crime cometido. Mas este é o objetivo do encarceramento? É obvio que não. Existe uma inversão de valores, a ponto de a sociedade considerar a prisão como algo brando e insuficiente para o criminoso pagar pelo que fez.

O ensino e a informação sobre a proibição da tortura, segundo o artigo 10 da Convenção sob análise, precisam ser colocados no treinamento de todos aqueles agentes, públicos ou privados, que estabeleçam qualquer forma de relação com os indivíduos em prisões. Além disso, em vista do afirmado no parágrafo anterior, é necessária uma política mais ampla de informação, que abranja a grande massa populacional.

Ademais, outros atos, de acordo com o artigo 16 da mesma Convenção, que impliquem em tratamentos ou penas cruéis, desumanos ou degradantes e não se constituam em tortura propriamente dita, não podem ser tolerados pelo Estado brasileiro, já que a prisão serve para privar a liberdade e não para legitimar outras violências.

A Convenção Interamericana para Prevenir e Punir a Tortura, firmada no âmbito da Organização dos Estados Americanos (OEA), apresenta muitas semelhanças com a Convenção analisada acima. Contudo, o artigo 2º daquela institui maior abrangência e explicação aos efeitos da tortura:

> Para os efeitos desta Convenção, entender-se-á por tortura todo ato pelo qual são infligidos intencionalmente a uma pessoa penas ou sofrimentos físicos ou mentais, com fins de investigação criminal, como

meio de intimidação, como castigo pessoal, como medida preventiva, como pena ou com qualquer outro fim. **Entender-se-á também como tortura a aplicação, sobre uma pessoa, de métodos tendentes a anular a personalidade da vítima, ou a diminuir sua capacidade física ou mental, embora não causem dor física ou angústia psíquica.** [sem grifo no original]

Claramente, o ócio exacerbado é uma modalidade de tortura que vem causando a diminuição das capacidades físicas e, sobretudo, mental dos condenados.

Outrossim, a diminuição ou encerramento da atividade sexual com o sexo oposto provoca distúrbios inúmeros, pois se trata de uma restrição a uma necessidade natural e vital do ser humano. Esse tipo de sofrimento, configurado pela condição de inutilidade total e a restrição na atividade heterossexual, causam "psicoses" tendentes a incutir no preso estados de revolta extrema e depressão profunda. As neuroses provocadas pela pena de prisão na grande maioria dos países será detidamente aferida no próximo capítulo deste estudo.

Da Convenção da OEA, ora citada, é importante ressaltar também a última oração do seu artigo 5º: "Nem a periculosidade do detido ou condenado, nem a insegurança do estabelecimento carcerário ou penitenciário podem justificar a tortura." Essa assertiva é deveras combatida pela mídia em geral, que cada vez mais clama pelo arrocho das regras dentro das penitenciárias, como se isso fosse a panaceia para todos os males e rebeliões que ocorrem. E boa parte da população brasileira encampa essa luta sem refletir que experiências seculares demonstram o erro em se institucionalizar regimes rígidos, verdadeiros "regimes de tortura legal", os quais nada mais alimentam do que a periculosidade dos reclusos.

Assim, são essas as breves considerações acerca dos principais tratados de direitos humanos para os quais o Brasil assumiu o compromisso internacional de cumprir e que está longe de ter êxito.

03. A AUSÊNCIA DE EFETIVAÇÃO DOS DIREITOS HUMANOS NAS PRISÕES E A DEGRADAÇÃO DA SAÚDE MENTAL DOS CONDENADOS

Inegavelmente, a prisão está em crise. Isso pode ser facilmente constatado com a reflexão sobre o grau de cumprimento, no sistema penitenciário, dos direitos humanos assegurados aos presos em diversos tratados e na própria *Magna Carta*. Há uma distância brutal entre o que seria o tratamento minimamente digno e aquele implantado na prática das prisões. Certamente, caso fossem respeitados os direitos humanos dos condenados, o número de rebeliões reduziria drasticamente, chegando a níveis aceitáveis.

Não obstante, há que se pensar formas de efetivação dos direitos humanos nas prisões e, por consectário, de diminuição da elevada deterioração mental por que passam os reclusos.

A penitenciária não vem proporcionando benefícios aos presos, mas sim lhes possibilitando cada vez mais degradações[38]. A própria estrutura de uma penitenciária, inerente à condição de encarceramento, produz danos à pessoa humana:

> As deficiências de alojamentos e de alimentação facilitam o desenvolvimento da tuberculose, enfermidade por excelência das prisões. Contribuem igualmente para deteriorar a saúde dos reclusos as más condições de higiene dos locais, originadas na falta de ar, na umidade e nos odores nauseabundos. Mesmo as prisões mais modernas, onde as instalações estão em nível mais aceitável e onde não se

---
38 BITENCOURT, Cezar Roberto. **Falência da Pena de Prisão: causas e alternativas.** 2. ed. São Paulo: Saraiva, 2001. p. 157.

> produzem graves prejuízos à saúde dos presos, podem, no entanto, produzir algum dano na **condição físico-psíquica no interno já que, muitas vezes, não há distribuição adequada do tempo dedicado ao ócio, ao trabalho, ao lazer e ao exercício físico.**[39] [sem grifo no original]

Tal como já destacado, um dos problemas mais visíveis nas prisões brasileiras é a superlotação, conjugada com condições precárias nas celas. Nessa situação, é praticamente impossível prover saúde mental a um condenado, em face mesmo do estado de ebulição conflituosa em que se encontram as celas. Igualmente, como decorrência desse estado de coisas, há um aumento dos casos de HIV (vírus da Aids) entre os presos, tornando-se uma questão preocupante para a saúde pública.

---

39 *Ibidem*, p. 158.

Além disso, os funcionários encarregados do trato direto com os reclusos não foram, na maioria dos casos, treinados para tentar concretizar a difícil missão de readaptar os condenados ao convívio em sociedade[40].

A estudiosa Lola Aniyar de Castro[41], ao desenvolver o conceito de Baratta sobre as necessidades reais fundamentais, que são os bens indispensáveis à sobrevivência do ser humano, propôs uma interessante classificação:

> 1. as necessidades relacionadas com o metabolismo e o sustento biológico do homem; 2. as necessidades ligadas à reprodução e a seu correspondente cultural – o parentesco; 3. as necessidades relacionadas com o bem estar corporal e o

---

40 SALLA, Fernando. *Rebeliões nas prisões brasileiras.* **Serviço Social & Sociedade**, v. 67, 2001. p. 35.
41 *Apud* KARAM, Maria Lúcia. **De crimes, penas e fantasias.** 2. ed. Niterói: Luam, 1993. p. 143-4.

abrigo; 4. as necessidades de crescimento e exercitação; 5. as necessidades relacionadas à saúde e à higiene; 6. as necessidades de movimento, de realização de atividades; e 7. as necessidades de segurança e, portanto, de proteção.

Destarte, observadas essas necessidades reais fundamentais do recluso, que nada mais são do que a tradução dos direitos humanos a eles extensamente garantidos pelo nosso ordenamento jurídico, com certeza haverá melhorias quanto à sua ressocialização, bem como, uma consequente redução dos altos índices de reincidência atualmente existentes (*um em cada quatro condenados*).

Passando-se para a aferição dos problemas psíquicos, de saúde mental, causados aos reclusos, deve-se dizer, *ab initio*, que não há uma "psicologia da prisão" aplicável à generalidade dos casos.

Por outro lado, não se pode negar a ocorrência de alguns efeitos danosos ao equilíbrio psíquico produzidos pela permanência no cárcere[42]. Desse modo, podem surgir desequilíbrios no preso que vão "desde uma simples reação psicótica momentânea até um intenso e duradouro quadro psicótico"[43].

Dentre os presos provisórios pode surgir uma "reação explosiva à prisão", caracterizada pela agitação extrema, de onde podem advir autoagressões e agressões a companheiros de cela. Essa espécie de reação temporária também pode acontecer com detentos já condenados, nos casos de transferências de prisão ou quando estão prestes a sofrer sanção disciplinar[44].

---

42 BITENCOURT, Cezar Roberto. *Op. cit.*, p. 195.
43 *Idem.*
44 *Ibidem*, p. 196.

Mostra-se possível os presos provisórios serem acometidos da síndrome de Ganser, que é o surgimento no inconsciente do detento de uma doença mental simulada, sendo que em muitos casos há melhora do quadro clínico e se chega até mesmo à cura quando está próximo o momento da soltura do preso[45].

Os condenados à pena privativa de liberdade e que permanecem um largo período na prisão apresentam quadros de paranoia, tais como: o complexo de prisão, a patologia psicossomática e as depressões relativas. Estas são especialmente perigosas, já que, se os reclusos chegarem a desenvolver o clássico quadro de depressão, com as características da indiferença, inibição, perda de memória e de apetite, isso pode levar à ideia de destruição e,

---

45 *Idem.*

num estágio final, ao suicídio[46]. Ainda, outro ponto psicologicamente negativo das prisões é a tendência de os presos agirem de forma infantil e regressiva, como resultado da monotonia e minuciosa e rígida regulamentação a que está adstrita a vida no cárcere[47].

Alguns juristas, como Goffman[48], consideram que determinadas reações psíquicas dos reclusos decorrem da própria necessidade do ser humano adaptar-se ao meio nocivo de uma penitenciária. Isto é, o ambiente carcerário, devido às comumente horrendas condições de higiene e salubridade, à superlotação e à falta de privacidade, dentre outras circunstâncias, provoca consequências das mais nefastas sobre a saúde do corpo e,

---

46 *Ibidem*, p. 197.
47 *Ibidem*, p. 198.
48 *Apud* BITTENCOURT, Cezar Roberto. *Ibidem*, p. 199.

máxime, sobre a incolumidade mental do preso.

Outro problema grave da prisão é a abstinência sexual forçada aos condenados, a qual, devido à seriedade dos transtornos causados à pessoa, pode transformar o recluso em um psicopata. O sistema nervoso e o corpo como um todo dependem da atividade sexual regular para se manterem em harmonia[49]. Restando, assim, pacífico o entendimento de que uma das causas[50] certas para que o encarcerado contraia diversas formas de psicoses agudas é a ausência forçada de atividade sexual.

Cotejando-se a situação de espantoso estresse vivenciada pelos participantes de *reality shows*, que proliferaram como praga pelas televisões de todo o mundo

---
49 *Ibidem*, p. 204.
50 *Ibidem*, p. 208.

durante a primeira década do século 21, com a daqueles privados da liberdade em penitenciárias, ressalvadas as particularidades em cada caso, é bastante crível para qualquer pessoa imaginar a condição extremamente aviltante vivida pelos apenados.

Os mais sérios problemas psicológicos ocasionados pela atual situação das penitenciárias foram mencionados neste capítulo, sendo evidenciado que a falta de concretização aos direitos humanos leva aqueles a um forte e indesejado incremento.

04. SUGESTÕES PARA A MELHORIA DA SAÚDE MENTAL DOS PRESOS

Com base na análise levada a efeito nos capítulos anteriores, passa-se a sugerir medidas que ajudariam a melhorar as condições do cárcere e, consequentemente, a saúde mental do condenado. Tudo isso objetivando à ressocialização. Ei-las:

A) Oportunizar maiores chances de trabalho aos reclusos enquanto cumprem a pena, efetuando-se uma campanha de conscientização dos presos através de cartilhas explicativas em que haja menção expressa aos direitos humanos e, também, conscientização da sociedade através de informes na mídia.

B) Aperfeiçoamento das escolas de formação de agentes penitenciários, dando-se ênfase ao respeito aos direitos humanos dos condenados e à sua ressocialização, não somente à questão da segurança. Ainda, a criação de novas escolas do mesmo nível por todo o Brasil, padronizando-se qualitativamente o ensino aos futuros agentes, proporcionando que tenham uma atitude mais humanística no trato com os presos.

C) Criação da cadeira de direitos humanos, talvez relacionada à disciplina de Direito Constitucional[51], nas escolas de ensino fundamental e médio, moldando-se a consciência cidadã das pessoas.

D) A instituição de convênios entre universidades públicas e particulares e os governos estaduais para a realização de

---

51 Já que os direitos fundamentais previstos na Constituição Federal são direitos humanos nela escritos.

cursos, aulas ou palestras pelos acadêmicos de nível superior nos estabelecimentos penitenciários, como forma de integrar os presos à sociedade e proporcionar-lhes instrução de qualidade.

E) A implantação efetiva dos ensinos fundamental e médio dentro de todas as penitenciárias, bem como do ensino técnico-profissional, de acordo com a escolaridade de cada condenado. Para tanto, além de convênios com escolas públicas, poderiam ser fornecidos incentivos fiscais para empresas privadas financiarem a contratação de professores, inclusive com a concessão, em evento de ampla divulgação, de um "selo direitos humanos" às pessoas jurídicas participantes.

F) Criação de uma cartilha com informações aos reclusos sobre direitos humanos e de instrumentos de coletas de suas denúncias em relação à violação de tais direitos. Para isso seriam disponibilizadas urnas lacradas e que somente deveriam ser abertas pelo Juiz da Vara de execuções penais ou Corregedor dos presídios com periodicidade mensal.

G) Efetiva[52] separação de condenados dos presos provisórios e daqueles condenados por crimes graves dos por crimes leves, bem como de reincidentes dos réus primários nos estabelecimentos prisionais.

H) Uma política de lazer e de esportes mais aberta para ideias dos presos, banhos de sol em maior tempo, menor quantidade possível de presos em cada cela e construção de maior número de presídios e de penitenciárias.

---

[52] Como a Lei n. 7.210/1984 (Lei de Execução Penal) já prevê em seu artigo 84.

I) Com relação ao problema da abstinência sexual na prisão, podem ser mais bem praticados os seguintes procedimentos: permissão de saída temporária dos presos, com gradativo aumento na frequência em razão da boa conduta do preso; permissão de visita íntima, fazendo-se necessária a existência de um quarto sem um aspecto prisional e próximo à entrada da penitenciária para não constranger o(a) companheiro(a) do recluso e; cursos de educação sexual e distribuição frequente de preservativos aos detentos.

J) Formulação de proposta de emenda constitucional para ressalvar o direito de votar aos condenados criminalmente, alterando-se, por conseguinte, o disposto no inciso III, do artigo 15, da Constituição Federal. Isso possibilitaria que o recluso participasse da política do Estado, que influencia diretamente na sua situação no cárcere, resguardando-se o seu direito fundamental de eleger representantes para o governo.

K) Criação de uma campanha nacional em televisão e rádio de incentivo à contratação de egressos do cárcere, visando-se reinserir o condenado na sociedade e fomentar o debate da população sobre o tema. Para tanto, seria de extrema valia a implementação de incentivos fiscais significativos, em âmbito estadual e federal, às empresas que contratassem pelo prazo mínimo de um ano um ex-condenado. Outrossim, acompanhamento efetivo (e mais próximo) do egresso por órgãos públicos e entidades assistenciais pelo prazo mínimo de 2 anos após a saída do cárcere e o cumprimento total da pena. Ainda, outra campanha na mídia de conscientização sobre os objetivos das prisões, as funções de cada órgão público na busca da ressocialização dos reclusos e explicativa acerca da necessidade de participação de empresas e cidadãos na implementação de políticas sociais aos detentos.

05. CONSIDERAÇÕES FINAIS

Relevante destacar que o desrespeito reiterado aos direitos humanos nas casas de reclusão nacionais, ainda que eventualmente não tenham o *status* de cláusula pétrea da Constituição Federal, pode gerar a responsabilização nacional e internacional[53] dos agentes públicos envolvidos e dos próprios entes estatais (União e Estados da federação). O que, sabe-se, pode vir em prejuízo de toda a coletividade, pois geralmente ocorrerá desfalque orçamental com o pagamento de indenizações aos reclusos ou seus familiares.

Mesmo que a pena de prisão possa gerar péssimos efeitos práticos, levando à reincidência generalizada (TRC e TRJ), não se

---

53 Por exemplo, perante a Corte Interamericana de Direitos Humanos (CIDH), órgão jurisdicional autônomo criado pela Assembleia-Geral da Organização dos Estados Americanos (OEA).

tem parâmetro de séria observância aos direitos humanos. Em outras palavras, não há notícia de uma penitenciária no país em que a lei de execuções penais e todos os tratados de direitos humanos são devidamente cumpridos. Vale dizer, não se sabe se de fato o aprisionamento poderia funcionar melhor se ficasse restrito à privação de liberdade, sem manietar a pessoa nos âmbitos mental, sexual, educacional etc.

Desse modo, a implementação das sugestões do capítulo 04 ajudaria que os direitos humanos dos reclusos fossem respeitados, permanecendo incólume a sua saúde mental e, ao final, conferindo a possibilidade para que eles retornem ao convívio social sem o cometimento de novos delitos. Logicamente, trata-se de um ideal um pouco distante do dia a dia dos estabelecimentos prisionais, mas é assaz necessário pensar em soluções, as quais dão início ao fomento do esforço integrado para a concreção dessas mudanças futuras e tão almejadas.

Uma reflexão final.

O leitor pôde perceber que a pergunta colocada como título do livro – *Direitos humanos para presos?* - foi propositalmente provocativa. No sentido de que todos são humanos, nossos semelhantes, motivo pelo qual não existe motivo moral ou legal para negarmos direitos elementares deferidos a todos os livres. Isso por uma razão pragmática: melhorar o convívio social e a tranquilidade de todos; mas também por uma razão justificada na história recente da humanidade: evitar a repetição de profundas atrocidades contra a "raça" dos nossos "inimigos", numa guerra que ninguém sai vitorioso.

REFERÊNCIAS

BECCARIA, Cesare. **Dos delitos e das penas.** Tradução: Paulo M. Oliveira. 2. ed. São Paulo: Edipro, 2015.

BITENCOURT, Cezar Roberto. **Falência da Pena de Prisão: causas e alternativas.** 2. ed. São Paulo: Saraiva, 2001.

BLUM JÚNIOR, João Conrado; DALL´AGNOL, Gabriel Andreata; OLIVEIRA, Bruna Mayara de; SANTOS, Rubia Souza. **A LEI N.º 13.654/2018: apontamentos sobre o crime de roubo com uso de arma imprópria.** Disponível em: <http://emporiododireito.com.br/leitura/a-lei-n-13-654-2018-apontamentos-sobre-o-crime-de-roubo-com-uso-de-arma-impropria> Consulta em: 10 jul. 2018.

DALLARI, Dalmo de Abreu. **Direitos Humanos e Cidadania.** São Paulo: Moderna, 1998.

EM BUSCA DA JUSTIÇA SOCIAL. **Cadernos do Terceiro Mundo.** v. 200, jul.1997. Entrevista de capa com D. Paulo Evaristo Arns, p. 8-13.

FAYAD, Bachir Sleiman Morinigo de. **Primazia dos Direitos Humanos na Constituição Brasileira de 1988.** Monografia de conclusão de curso, UEPG. Ponta Grossa (PR), 2004.

FOUCAULT, Michel. **Vigiar e punir: nascimento da prisão.** Tradução: Raquel Ramalhete. 23. ed. Petrópolis: Vozes, 2000.

GOÉS, Eda. *A política de humanização dos presídios em São Paulo; uma experiência única: 1983/1985.* **História**, v. 9, p. 83-94, 1990.

GUINDANI, Miriam Krenzinger A. *Tratamento penal: a dialética do instituído e do instituinte.* **Serviço Social & Sociedade**, v. 67, p. 38-52, 2001.

HERKENHOFF, João Batista. **Gênese dos Direitos Humanos.** v. 1. São Paulo: Acadêmica, 1994.

KARAM, Maria Lúcia. **De crimes, penas e fantasias.** 2. ed. Niterói: Luam, 1993.

LESSA, Daniela. *Luz no fim do túnel.* **Rumos**, ano 25, v. 180, p. 40-43, jan. 2001.

MAZZUOLI, Valério. **Direito Internacional: tratados e Direitos Humanos fundamentais na ordem jurídica brasileira.** Rio de Janeiro: América Jurídica, 2001.

MIRANDA, Nilmário. *Cidadania e Direitos Humanos.* **Desenvolvimento & Cidadania**,

São Luis, MA, ano V, v. 18, p. 4-6, dez. 1995, jan./fev. 1996.

OLIVEIRA, Bruna Mayara de. *Reprodução humana assistida homóloga post mortem e o direito sucessório: uma análise frente à bioética e o biodireito*. **Conteúdo Jurídico**, Brasilia-DF: 14 dez. 2015. Disponível em: <http://www.conteudojuridico.com.br/?artigos&ver=1055.54916&seo=1> Consulta em: 12 jul. 2018.

PIOVESAN, Flávia. **Temas de Direitos Humanos.** 2. ed. São Paulo: Max Limonad, 2003.

SALLA, Fernando. *Rebeliões nas prisões brasileiras*. **Serviço Social & Sociedade**, v. 67, p. 18-37, 2001.

SIQUEIRA, Jailson Rocha. *O trabalho e assistência social na reintegração do preso à* sociedade. **Serviço Social & Sociedade**, v. 67, p. 53-75, 2001.

TORRES, Andréa Almeida. *Direitos humanos e sistema penitenciário brasileiro: desafio ético e político do serviço social.* **Serviço Social & Sociedade**, v. 67, p. 76-92, 2001.

www.ingramcontent.com/pod-product-compliance
Lightning Source LLC
Chambersburg PA
CBHW031543210526
45464CB00003B/1126